한자능력검정시험 **8급대비**

한자공부

여기서 나오는 것만 공부하면 급수 만점!

한자쓰는 순서 (필순)

한자는 필순에 따라 써야만 바르고 아름다운 글씨를 쓸 수 있습니다.

1. 위에서 아래로 쓴다.

   三 석(**삼**) ➡ ー　二　三

2. 왼쪽에서 오른쪽으로 쓴다.

   川 내(**천**) ➡ 丿　川　川

3. 좌우로 대칭이 되는 글자는 가운데 부분을 먼저 쓰고 왼쪽을 다음 오른쪽을 쓴다.

   小 작을(**소**) ➡ 亅　小　小

4. 가로와 세로가 서로 겹칠 때는 가로를 먼저 쓴다.

   十 열(**십**) ➡ 一　十

5. 가운데를 지나는 획은 나중에 쓴다.

   中 가운데(**중**) ➡ 丨　口　口　中

6. 허리를 지나는 획은 나중에 쓴다.

女 계집(녀) ➡ 〈 女 女

7. 아래에서 꾸부러지는 획은 마지막에 쓴다.

七 일곱(칠) ➡ 一 七

8. 받침은 나중에 쓴다.

進 나아갈(진) ➡ ′ 亻 亻 亻 仁 仨 佯 隹 崔 谁 進

9. 위에서 아래로 에워싼 획은 먼저 쓴다.

力 힘(력) ➡ 丁 力

10. 오른쪽 위에 있는 점은 맨 마지막에 찍는다.

代 대신할(대) ➡ 亻 仁 代 代

11. 안쪽에 에워싸는 글자는 바깥쪽부터 먼저 쓴다.

國 나라(국) ➡ 冂 冂 冃 冋 冋 国 國 國 國 國

12. 삐침(丿)은 파임(乀)보다 먼저 쓴다.

文 글월(문) ➡ 亠 亠 文

8급 50자 부수(部首) 익히기

획	부수	훈음	구분	예시		
1획	一	(한 일)	지사자	一 (한 일)	七 (일곱 칠)	三 (석 삼)
	丨	(뚫을 곤)	지사자	中 (가운데 중)		
	乙	(새 을)	상형자	一 (한 일)		
2획	二	(두 이)	지사자	二 (두 이)	五 (다섯 오)	
	人	(사람 인)	상형자	人 (사람 인)		
	儿	(어진사람 인)	상형자	兄 (형 형)	先 (먼저 선)	
	八	(여덟 팔)	지사자	八 (여덟 팔)	六 여섯 륙	
	匕	(비수 비)	상형자	北 (북녘 북)		
	十	(열 십)	지사자	十 (열 십)	南 (남녘 남)	
3획	囗	(큰입구몸, 에울위)	상형자	四 (넉 사)	國 (나라 국)	
	土	(흙 토)	상형자	土 (흙 토)		
	夕	(저녁 석)	상형자	外 (바깥 외)		
	大	(큰 대)	상형자	大 (큰 대)		
	女	(계집 녀)	상형자	女 (계집 녀)		
	子	(아들 자)	상형자	學 (배울 학)		
	宀	(갓머리, 집면)	상형자	室 (집 실)		
	寸	(마디 촌)	상형자	寸 (마디 촌)		
	小	(작을 소)	지사자	小 (작을 소)		
	山	(메 산)	지사자	山 (메 산)		
	干	(방패 간)	상형자	年 (해 년)		
	弓	(활 궁)	상형자	弟 (아우 제)		

획수	부수	훈음	구성	예
4획	攵	(등글월문)	형성자	敎 (가르칠 교)
	日	(날 일)	상형자	日 (날 일)
	月	(달 월)	상형자	月 (달 월)
	木	(나무 목)	상형자	木 (나무 목)　　東 동녘 동　　校 학교 교
	毋	(말 무)	자의 미상	母 (어미 모)
	氏	(성씨 씨)	자의 미상	民 (백성 민)
	水	(물 수)	상형자	水 (물 수)
	火	(불 화)	상형자	火 (불 화)
	父	(아비 부)	회의자	父 (아비 부)
5획	玉	(구슬 옥)	상형자	王 (임금 왕)
	生	(날 생)	상형자	生 (날 생)
	白	(흰 백)	자의 미상	白 (흰 백)
6획	艹〈艸〉	(초두머리〈풀초〉)	회의자	萬 (일만 만)
	襾	(덮을 아)	지사자	西 (서녘 서)
7획	車	(수레 거)	상형자	軍 (군사 군)
8획	金	(쇠 금)	상형자 또는 형성자	金 (쇠 금 / 성 김)
	長	(긴 장)	상형자	長 (긴 장)
	門	(문 문)	상형자	門 (문 문)
	靑	(푸를 청)	회의자	靑 (푸를 청)
9획	韋	(다룸가죽 위)	회의자	韓 (한국/나라 한)

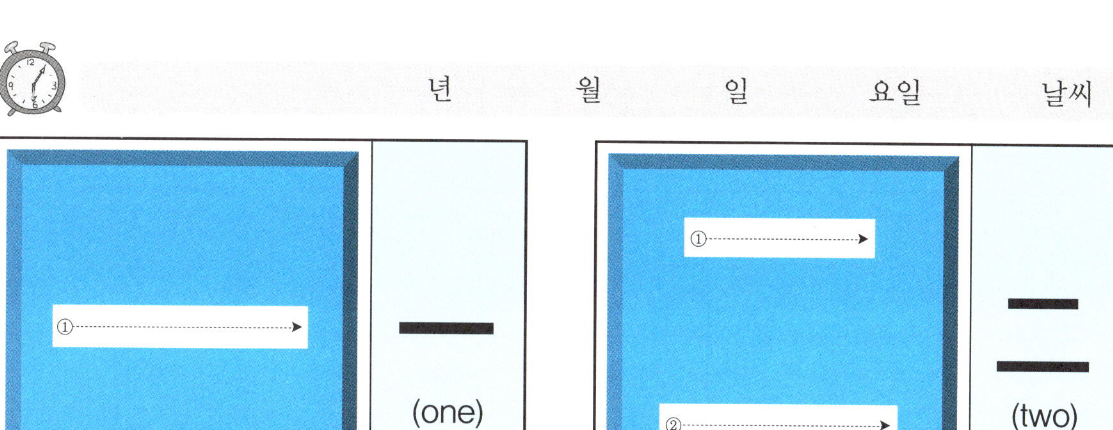

음	**한** 일	[1획]
글자풀이	하나	

(one)

음	**두** 이	[2획]
글자풀이	둘	

(two)

소리내어 읽으면서 차례에 맞게 바르게 써 보세요.

 한자(漢字)가 우리에게 무엇을 선물할까요?

● 한자는 우리에게 지식(知識)을 선물합니다.

 소리내어 읽으면서 차례에 맞게 바르게 써 보세요.

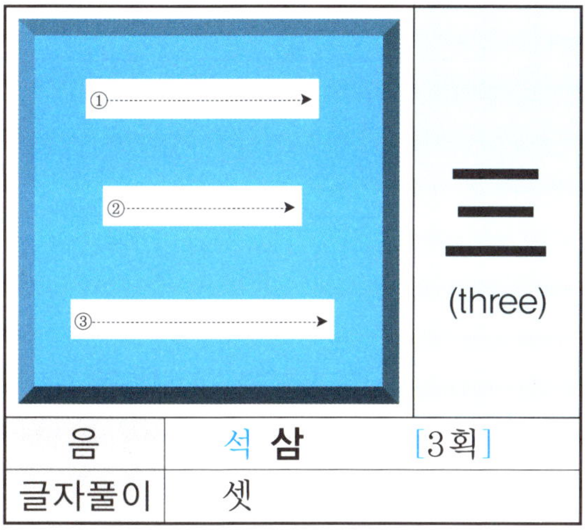

음	석 **삼**	[3획]
글자풀이	셋	

음	넉 **사**	[5획]
글자풀이	넷	

 소리내어 읽으면서 차례에 맞게 바르게 써 보세요.

한자(漢字)가 우리에게 무엇을 선물할까요?

● 한자는 우리에게 언어 구성력을 선물합니다.

 소리내어 읽으면서 차례에 맞게 바르게 써 보세요.

● 三(삼) : 석 **삼**

● 四(사) : 넉 **사**

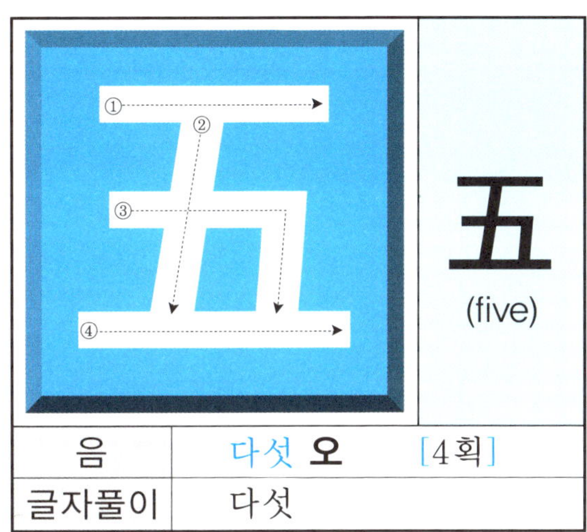

五
(five)

음	다섯 **오**	[4획]
글자풀이	다섯	

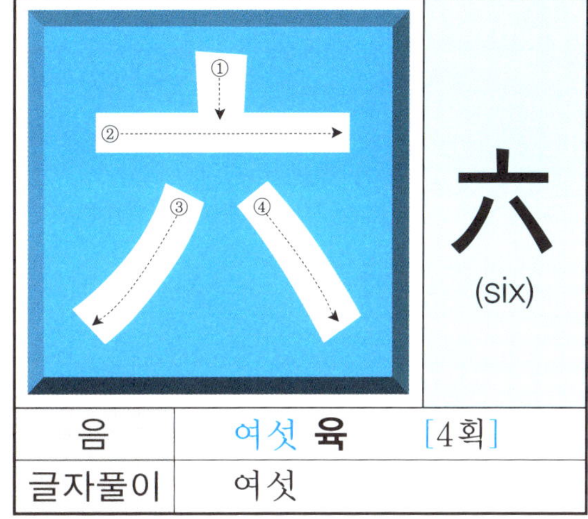

六
(six)

음	여섯 **육**	[4획]
글자풀이	여섯	

 소리내어 읽으면서 차례에 맞게 바르게 써 보세요.

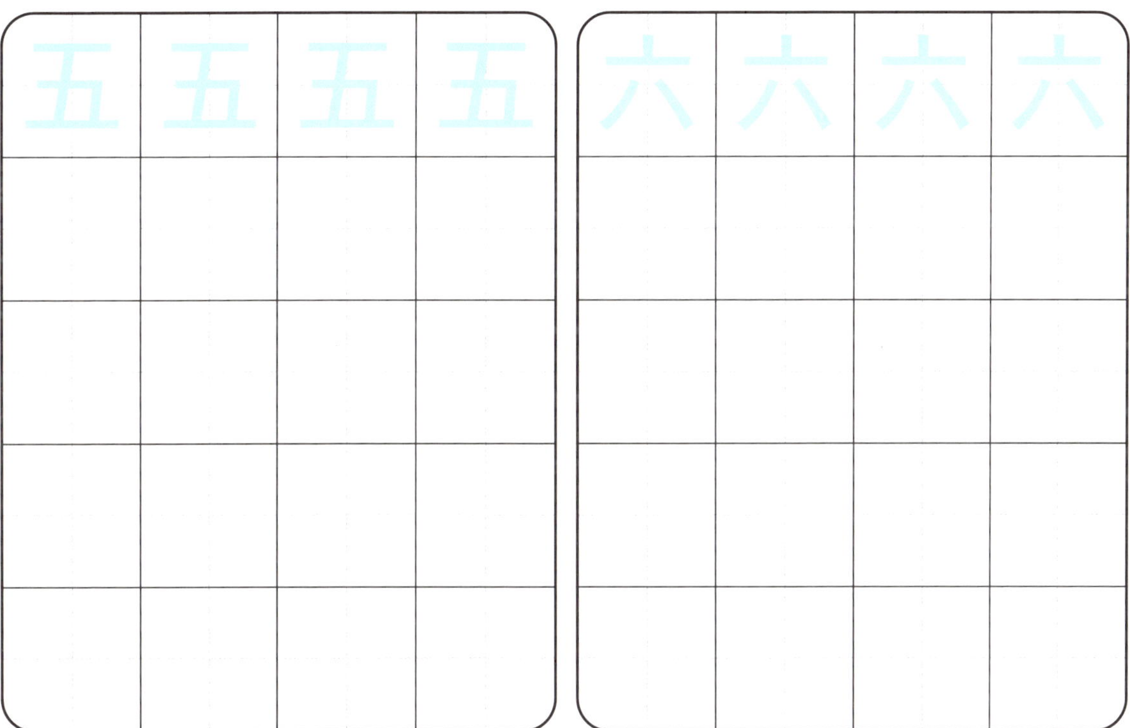

 한자(漢字)가 우리에게 무엇을 선물할까요?

● 한자는 우리에게 두뇌 개발력을 선물합니다.

 소리내어 읽으면서 차례에 맞게 바르게 써 보세요.

五　五　五　五

六　六　六　六

● 五(오) : 다섯 **오**

● 六(육) : 여섯 **육**

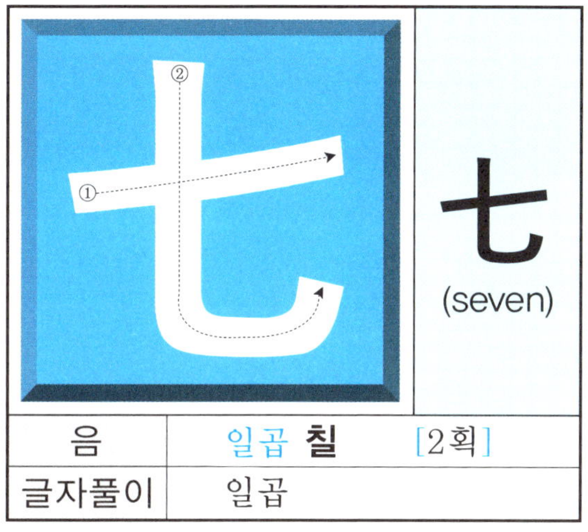

七
(seven)

음	일곱 **칠**	[2획]
글자풀이	일곱	

八
(eight)

음	여덟 **팔**	[2획]
글자풀이	여덟	

 소리내어 읽으면서 차례에 맞게 바르게 써 보세요.

 한자(漢字)가 우리에게 무엇을 선물할까요?

● 한자는 우리에게 예절(禮節)을 선물합니다.

 소리내어 읽으면서 차례에 맞게 바르게 써 보세요.

● 七(칠) : 일곱 **칠**

● 八(팔) : 여덟 **팔**

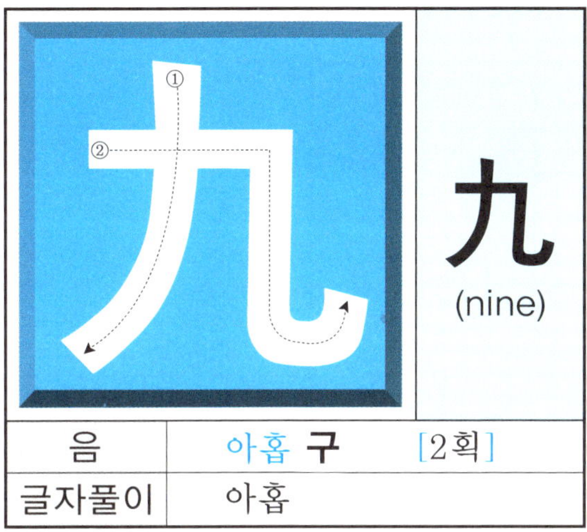

九
(nine)

음	아홉 **구**	[2획]
글자풀이	아홉	

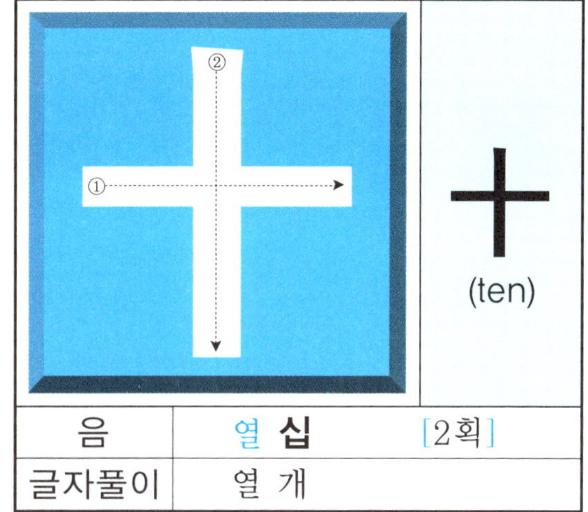

十
(ten)

음	열 **십**	[2획]
글자풀이	열 개	

 소리내어 읽으면서 차례에 맞게 바르게 써 보세요.

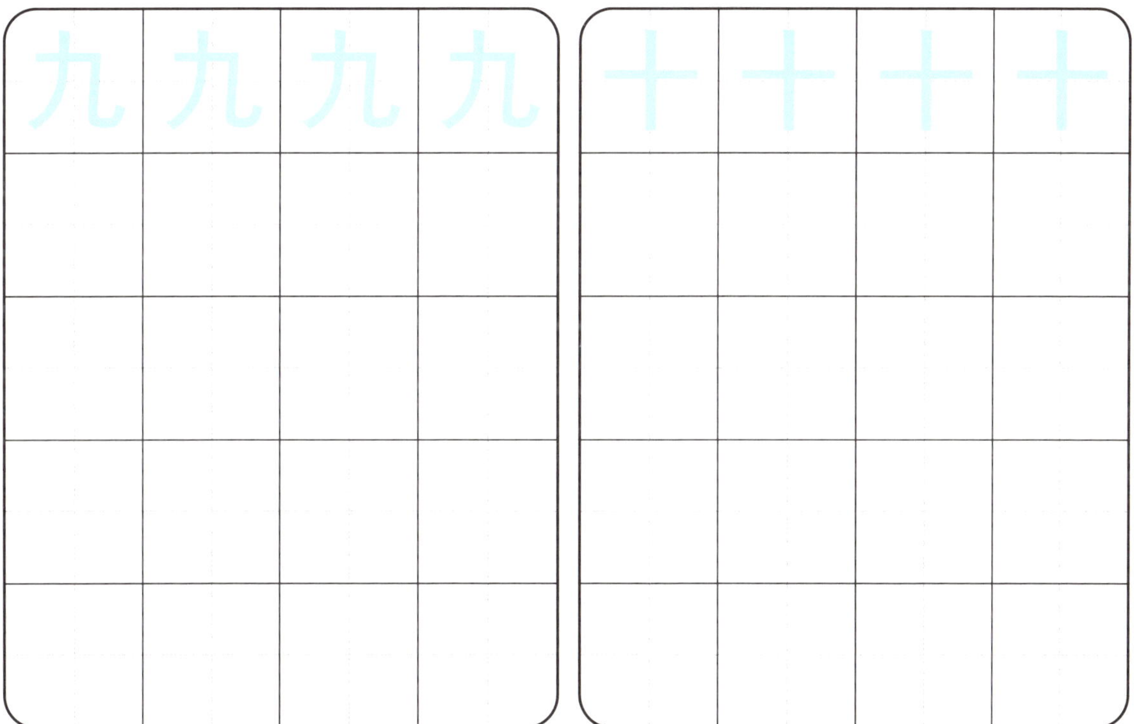

 한자(漢字)가 우리에게 무엇을 선물할까요?

● 한자는 우리에게 덕성(德性)을 선물합니다.

 소리내어 읽으면서 차례에 맞게 바르게 써 보세요.

九	九	九	九

十	十	十	十

● 九(구) : 아홉 **구**

● 十(십) : 열 **십**

음	달 **월**	[4획]
글자풀이	달	

月
(moon)

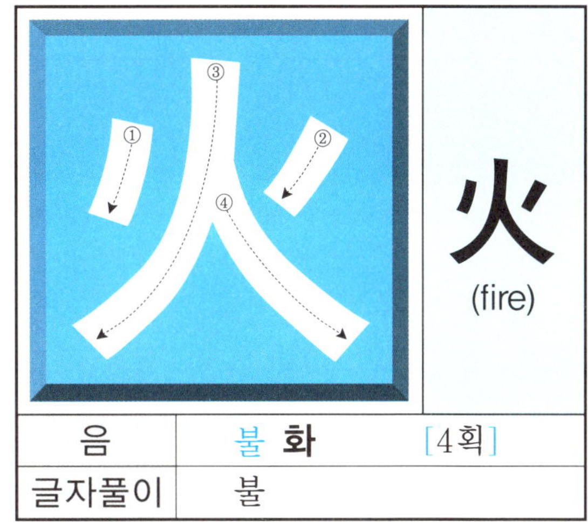

음	불 **화**	[4획]
글자풀이	불	

火
(fire)

 소리내어 읽으면서 차례에 맞게 바르게 써 보세요.

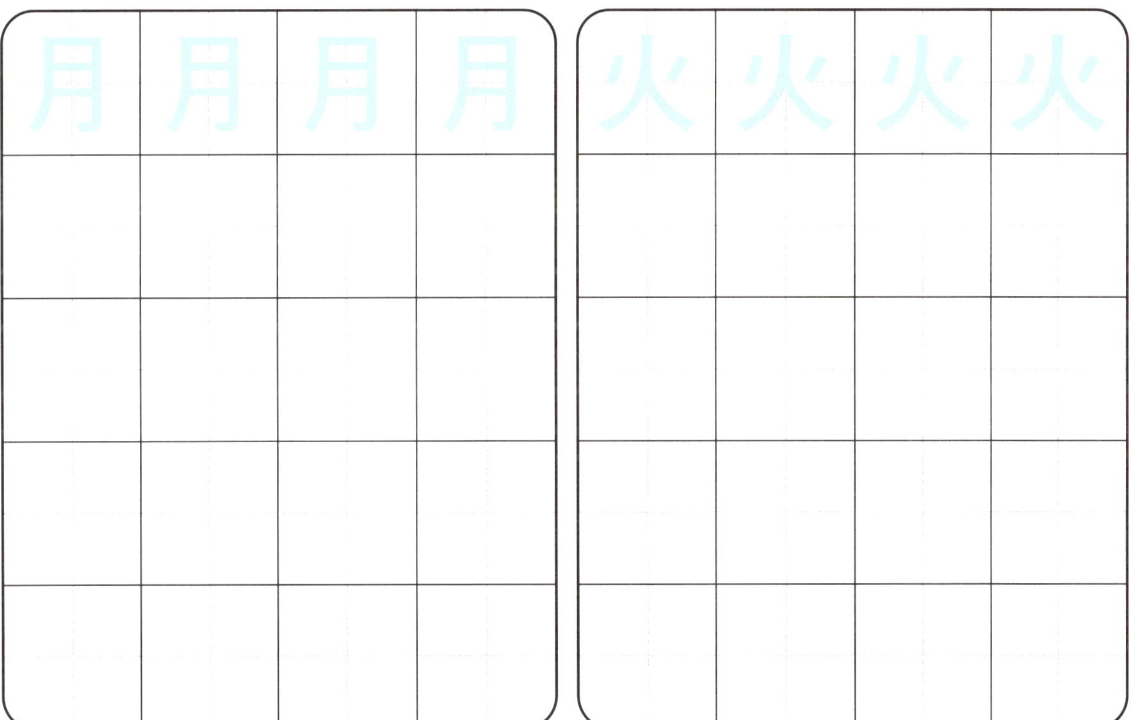

 낱말공부를 하여 보세요.

- 月夕(월석) : 달이 밝은 저녁, 한가위 날 밤
- 火力(화력) : 불의 힘
- 夕 : 저녁 **석**
- 力 : 힘 **력**

 소리내어 읽으면서 차례에 맞게 바르게 써 보세요.

月 月 月 月

火 火 火 火

● 月(월) : 달 **월**

● 火(화) : 불 **화**

음	물 **수**	[4획]
글자풀이	물	

水
(water)

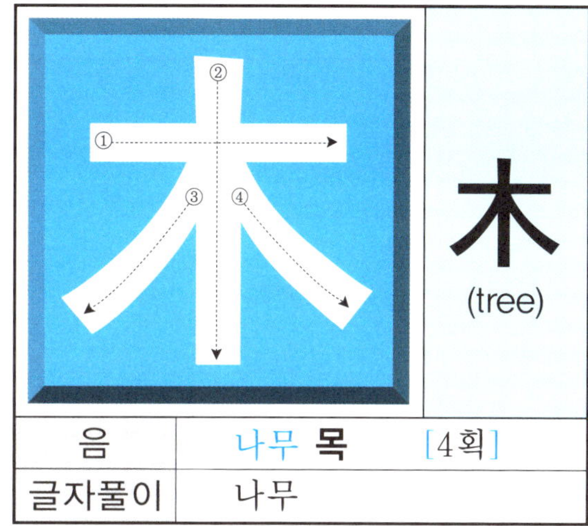

음	나무 **목**	[4획]
글자풀이	나무	

木
(tree)

 소리내어 읽으면서 차례에 맞게 바르게 써 보세요.

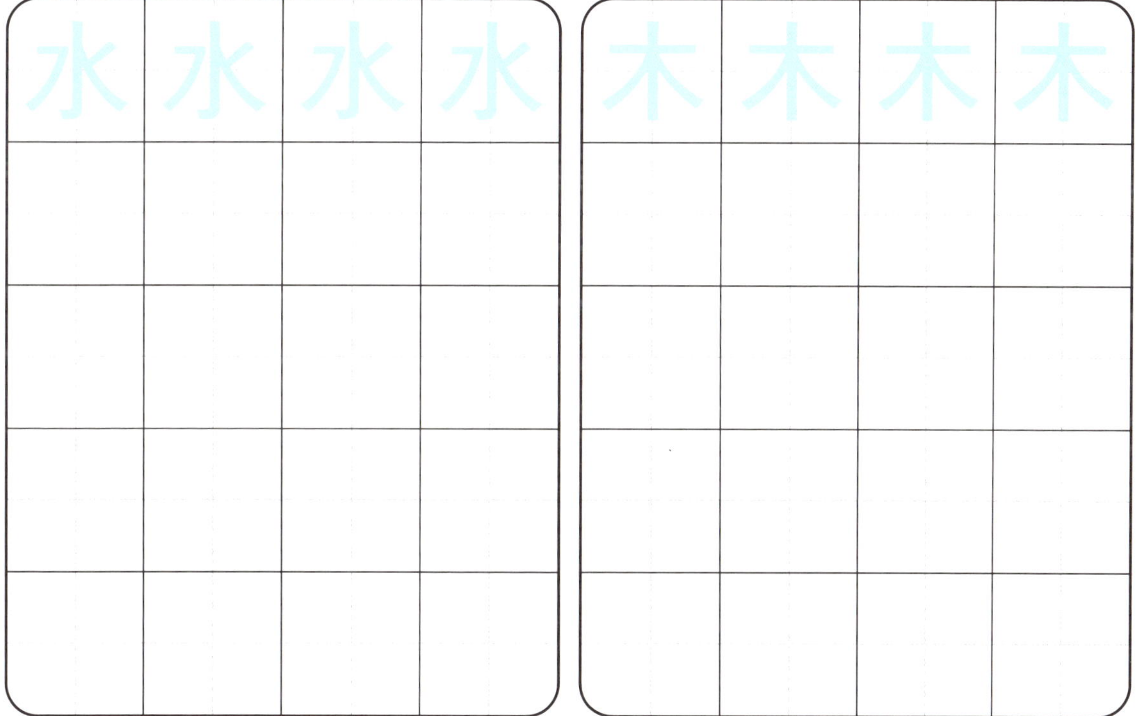

 낱말공부를 하여 보세요.

- 水上(수상) : 물의 위, 물의 상류
- 木工(목공) : 목수, 나무를 다루어 물건을 만드는 일
- 上 : 윗 **상**
- 工 : 장인 **공**

 소리내어 읽으면서 차례에 맞게 바르게 써 보세요.

水	水	水	水

木	木	木	木

● 水(수) : 물 **수**

● 木(목) : 나무 **목**

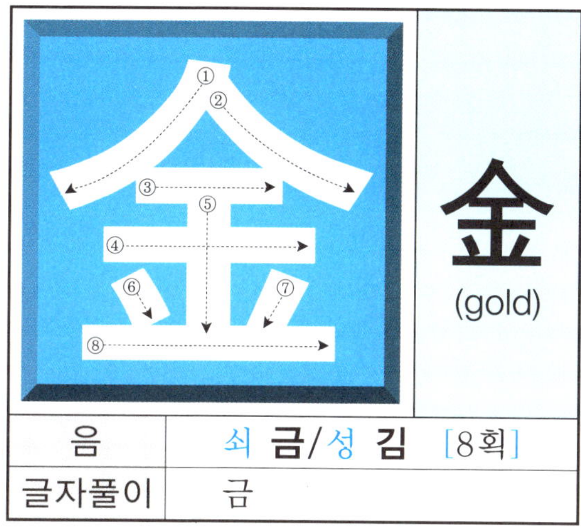

음	쇠 **금**/성 **김** [8획]
글자풀이	금

金
(gold)

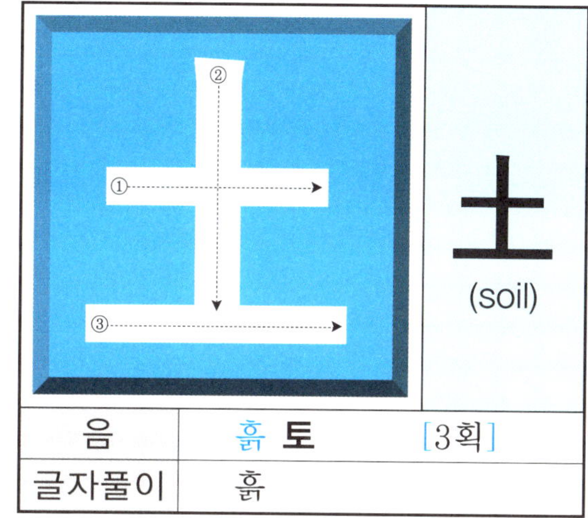

음	흙 **토** [3획]
글자풀이	흙

土
(soil)

 소리내어 읽으면서 차례에 맞게 바르게 써 보세요.

 낱말공부를 하여 보세요.

- 金山(금산) : 금을 캐내는 광산
- 土田(토전) : 논과 밭

- 山 : 뫼 **산**
- 田 : 밭 **전**

 소리내어 읽으면서 차례에 맞게 바르게 써 보세요.

金	金	金	金

土	土	土	土

● 金(금) : 쇠 **금** / 성 **김**

● 土(토) : 흙 **토**

음	아비 **부**	[4획]
글자풀이	아버지	

父 (father)

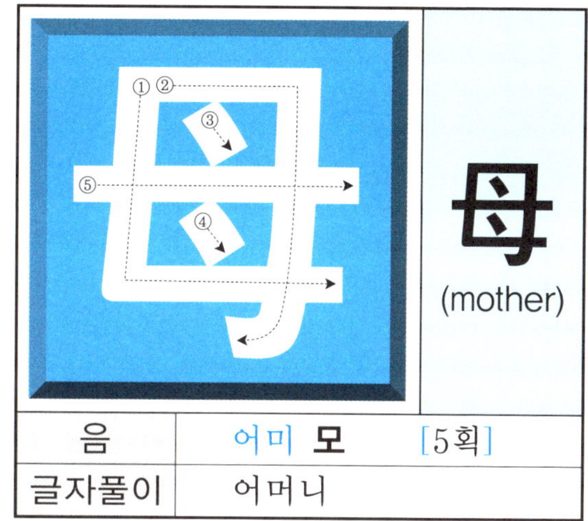

음	어미 **모**	[5획]
글자풀이	어머니	

母 (mother)

소리내어 읽으면서 차례에 맞게 바르게 써 보세요.

父	母	父	母	父	母	父	母

● 父母(부모): 아버지와 어머니

 소리내어 읽으면서 차례에 맞게 바르게 써 보세요.

父母 父母 父母 父母

● 父母(부모): 아버지와 어머니

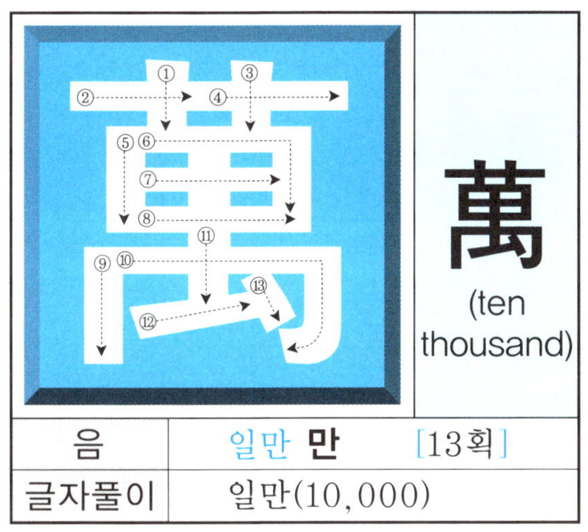

음	일만 **만**	[13획]
글자풀이	일만(10,000)	

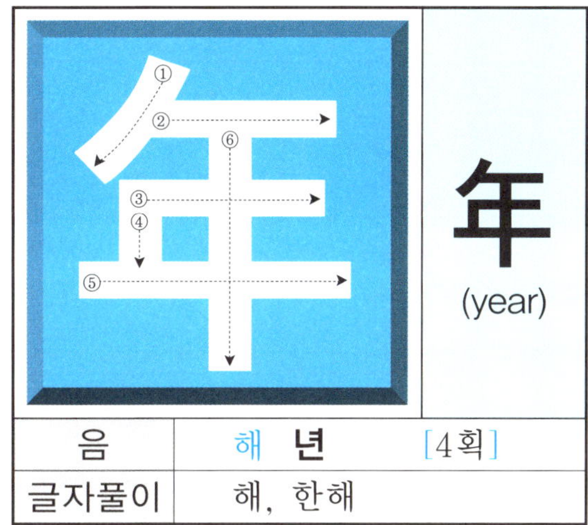

음	해 **년**	[4획]
글자풀이	해, 한해	

소리내어 읽으면서 차례에 맞게 바르게 써 보세요.

● 萬年(만년) : 오랜 세월

 소리내어 읽으면서 차례에 맞게 바르게 써 보세요.

萬 年 萬 年 萬 年 萬 年

소리내어 읽으면서 차례에 맞게 바르게 써 보세요.

● 萬年(만년) : 오랜 세월

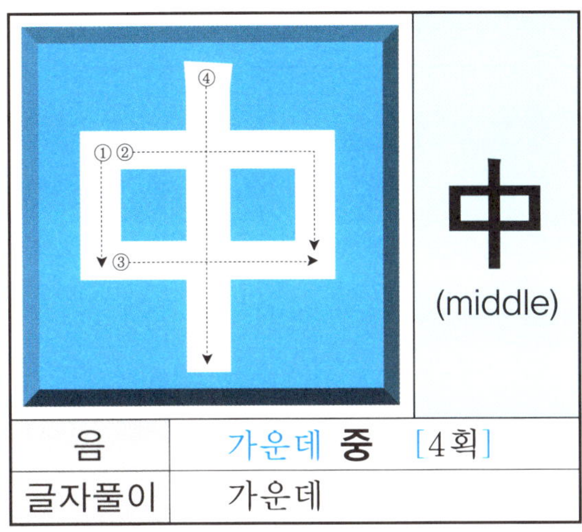

음	가운데 **중** [4획]
글자풀이	가운데

中
(middle)

음	날 **일** [4획]
글자풀이	날

日
(day)

소리내어 읽으면서 차례에 맞게 바르게 써 보세요.

中	日	中	日	中	日	中	日

● 中日(중일) : 중국과 일본

 소리내어 읽으면서 차례에 맞게 바르게 써 보세요.

中 日 中 日 中 日 中 日

● 中日(중일) : 중국과 일본

兄 (elder brother)	
음	형 **형** [13획]
글자풀이	형

弟 (younger brother)	
음	아우 **제** [7획]
글자풀이	아우, 동생

소리내어 읽으면서 차례에 맞게 바르게 써 보세요.

兄	弟	兄	弟	兄	弟	兄	弟

● 兄弟(형제) : 형과 아우

 소리내어 읽으면서 차례에 맞게 바르게 써 보세요.

兄	弟	兄	弟	兄	弟	兄	弟

● 兄弟(형제) : 형과 아우

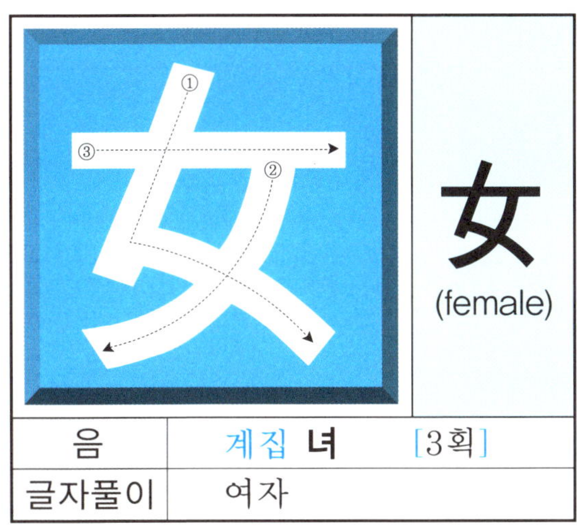

음	계집 **녀**	[3획]
글자풀이	여자	

女
(female)

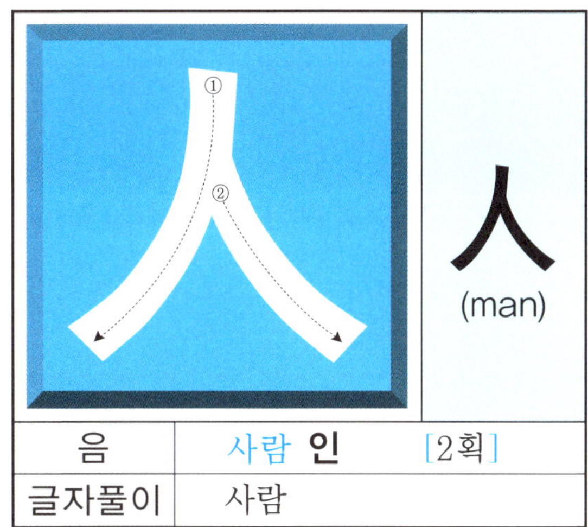

음	사람 **인**	[2획]
글자풀이	사람	

人
(man)

소리내어 읽으면서 차례에 맞게 바르게 써 보세요.

女	人	女	人	女	人	女	人

● 女人(여인) : 어른이 된 여자

 소리내어 읽으면서 차례에 맞게 바르게 써 보세요.

女人女人女人女人

● 女人(여인) : 어른이 된 여자

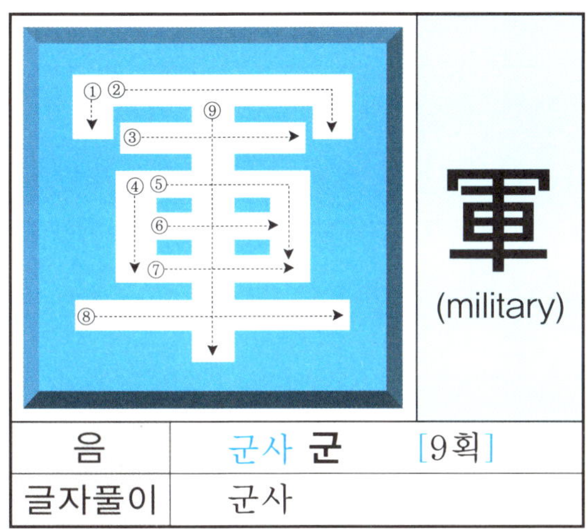

음	군사 **군**	[9획]
글자풀이	군사	

軍 (military)

음	백성 **민**	[5획]
글자풀이	백성	

民 (people)

소리내어 읽으면서 차례에 맞게 바르게 써 보세요.

● 軍民(군민) : 군인과 민간인

 소리내어 읽으면서 차례에 맞게 바르게 써 보세요.

軍民軍民軍民軍民

● 軍民(군민) : 군인과 민간인

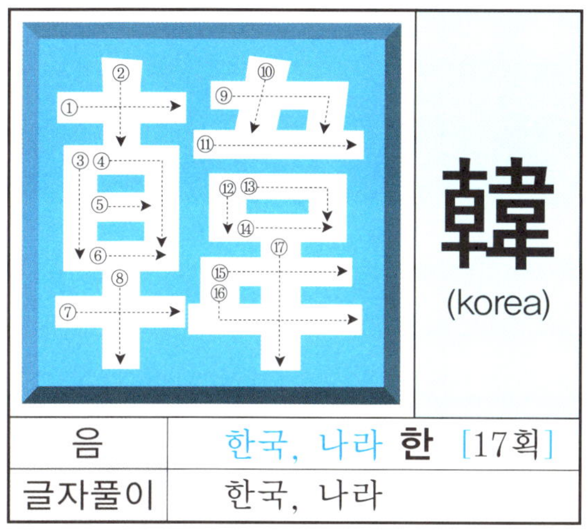

음	한국, 나라 **한** [17획]
글자풀이	한국, 나라

韓
(korea)

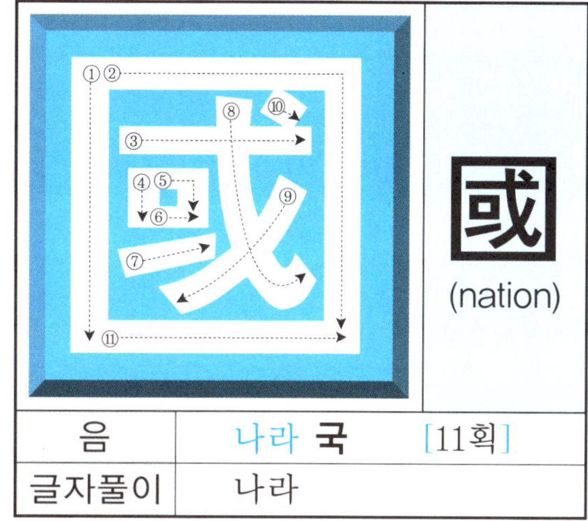

음	나라 **국** [11획]
글자풀이	나라

國
(nation)

 소리내어 읽으면서 차례에 맞게 바르게 써 보세요.

韓 國 韓 國 韓 國 韓 國

● **韓國**(한국) : 대한민국의 준말

 소리내어 읽으면서 차례에 맞게 바르게 써 보세요.

韓國 韓國 韓國 韓國

● **韓國**(한국) : 대한민국의 준말

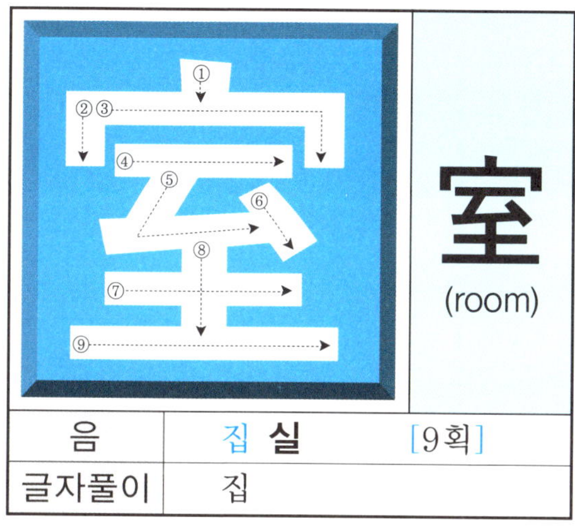

室
(room)

음	집 **실**	[9획]
글자풀이	집	

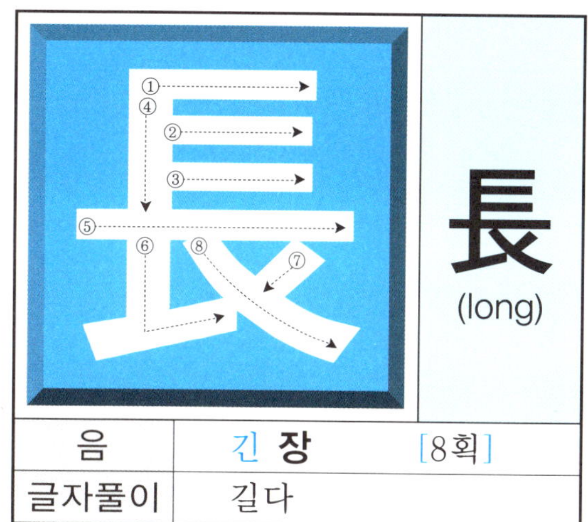

長
(long)

음	긴 **장**	[8획]
글자풀이	길다	

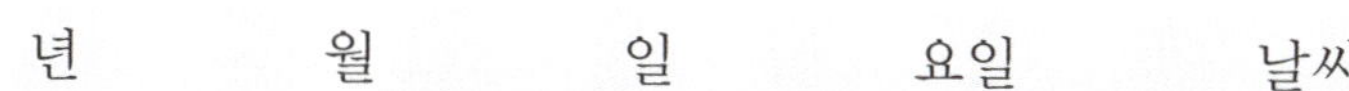 소리내어 읽으면서 차례에 맞게 바르게 써 보세요.

室 長 室 長 室 長 室 長

● 室長(실장) : 그 방의 장

室長室長室長室長

● 室長(실장) : 그 방의 장

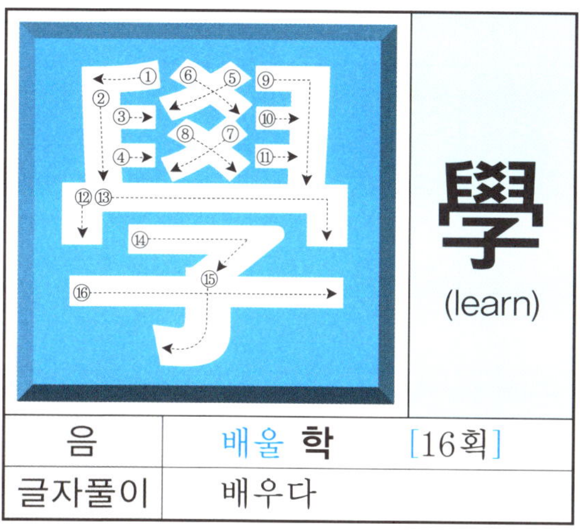

學
(learn)

음	배울 **학**	[16획]
글자풀이	배우다	

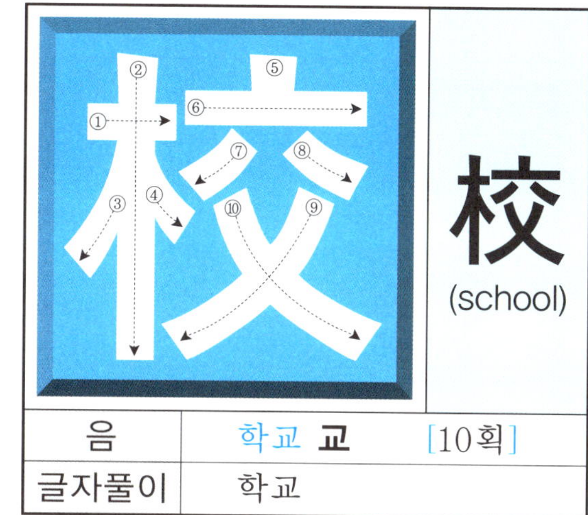

校
(school)

음	학교 **교**	[10획]
글자풀이	학교	

소리내어 읽으면서 차례에 맞게 바르게 써 보세요.

學校學校學校學校

● 學校 : 일정한 교육목적 아래 교사가 지속적으로 교육을 하는 기관

 소리내어 읽으면서 차례에 맞게 바르게 써 보세요.

學校學校學校學校

● 學校 : 일정한 교육목적 아래 교사가 지속적으로 교육을 하는 기관

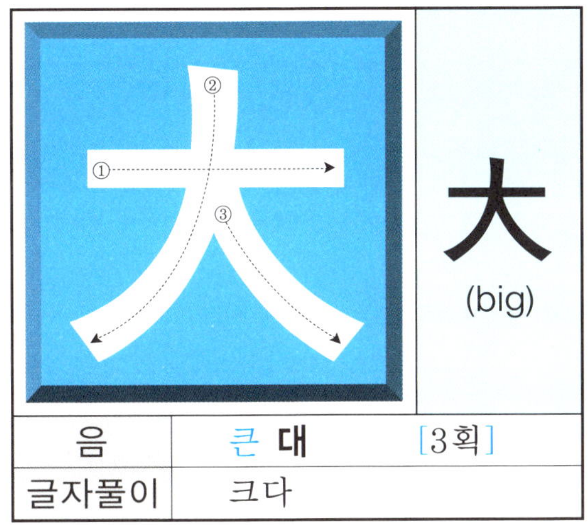

大 (big)

음	큰 대	[3획]
글자풀이	크다	

小 (small)

음	작을 소	[3획]
글자풀이	작다	

소리내어 읽으면서 차례에 맞게 바르게 써 보세요.

大 小 大 小 大 小 大 小

● 大小(대소) : 크고 작음, 큰 것과 작은 것

 소리내어 읽으면서 차례에 맞게 바르게 써 보세요.

大 小 大 小 大 小 大 小

● 大小(대소) : 크고 작음, 큰 것과 작은 것

음	먼저 **선**	[6획]
글자풀이	먼저	

先
(first)

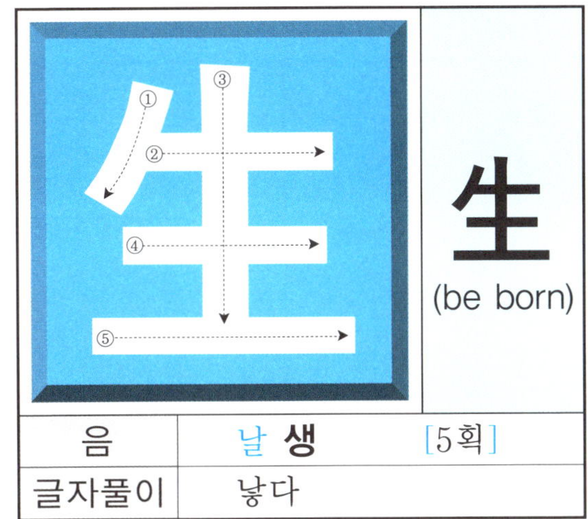

음	날 **생**	[5획]
글자풀이	낳다	

生
(be born)

소리내어 읽으면서 차례에 맞게 바르게 써 보세요.

先生先生先生先生

● 先生(선생) : 교사의 존칭, 학생을 가르치는 사람

 소리내어 읽으면서 차례에 맞게 바르게 써 보세요.

先生先生先生先生

● 先生(선생) : 교사의 존칭, 학생을 가르치는 사람

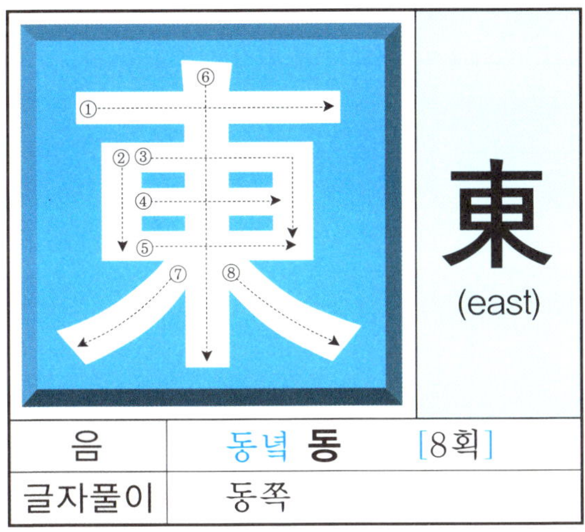

음	동녘 **동**	[8획]
글자풀이	동쪽	

東
(east)

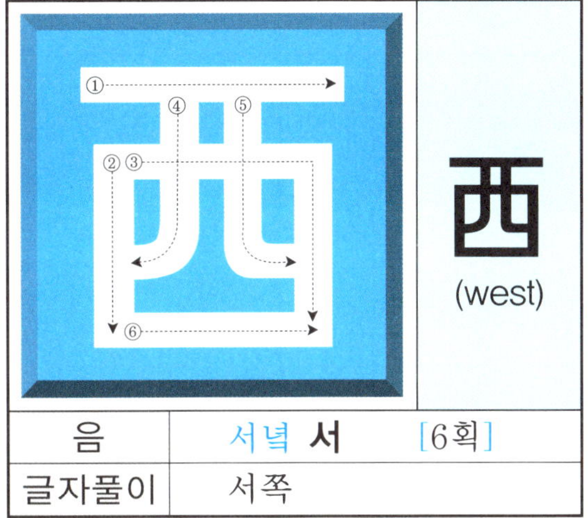

음	서녘 **서**	[6획]
글자풀이	서쪽	

西
(west)

소리내어 읽으면서 차례에 맞게 바르게 써 보세요.

東 西 東 西 東 西 東 西

● 東西(동서) : 동쪽과 서쪽, 동양과 서양

 소리내어 읽으면서 차례에 맞게 바르게 써 보세요.

東西東西東西東西

● 東西(동서) : 동쪽과 서쪽, 동양과 서양

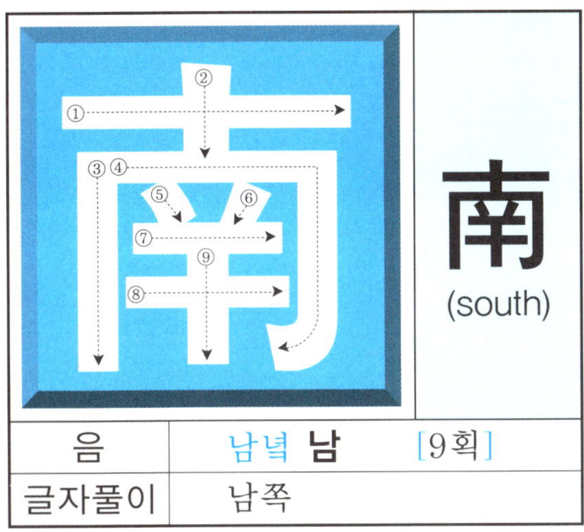	南 (south)
음	남녘 **남**　[9획]
글자풀이	남쪽

	北 (north)
음	북녘 **북**　[5획]
글자풀이	북쪽

소리내어 읽으면서 차례에 맞게 바르게 써 보세요.

南　北　南　北　南　北　南　北

● 南北(남북) : 남쪽과 북쪽

 소리내어 읽으면서 차례에 맞게 바르게 써 보세요.

南北南北南北南北

● 南北(남북) : 남쪽과 북쪽

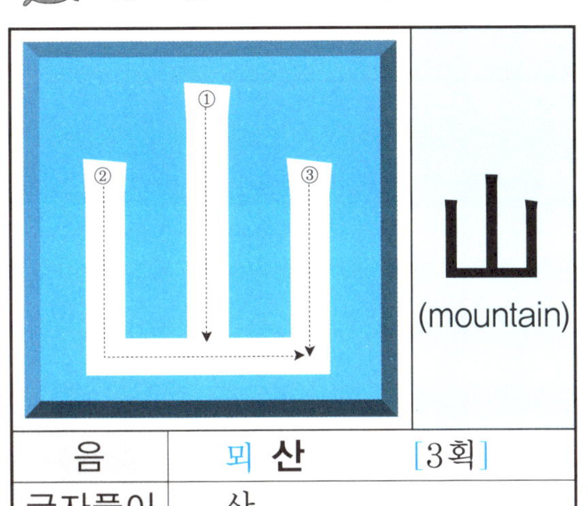

년 월 일 요일 날씨

山

(mountain)

음	뫼 **산** [3획]
글자풀이	산

門

(gate)

음	문 **문** [8획]
글자풀이	문

소리내어 읽으면서 차례에 맞게 바르게 써 보세요.

山	門	山	門	山	門	山	門

- 山門(산문) : 산의 어귀

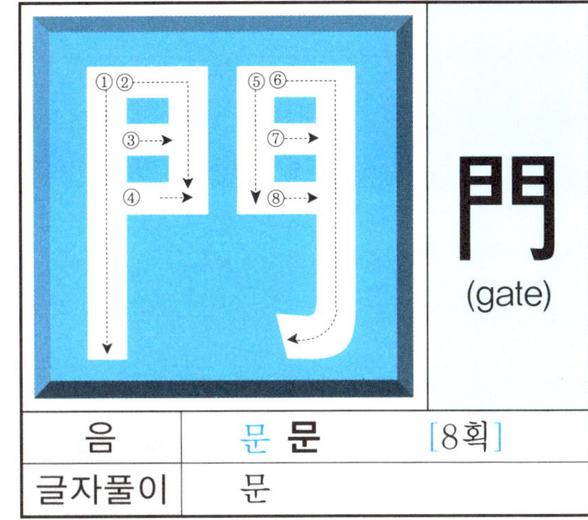

소리내어 읽으면서 차례에 맞게 바르게 써 보세요.

山門 山門 山門 山門

● 山門(산문) : 산의 어귀

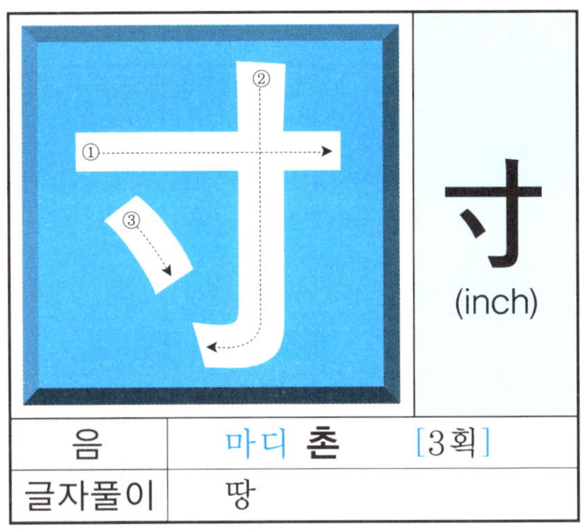

음	마디 **촌**	[3획]
글자풀이	땅	

寸
(inch)

음	바깥 **외**	[5획]
글자풀이	바깥	

外
(outside)

소리내어 읽으면서 차례에 맞게 바르게 써 보세요.

● 寸外(촌외) : 촌수를 따지지 않는 먼 겨레붙이

 소리내어 읽으면서 차례에 맞게 바르게 써 보세요.

寸外 寸外 寸外 寸外

● 寸外(촌외) : 촌수를 따지지 않는 먼 겨레붙이

王	음	임금 **왕**	王		
	뜻	임금			
	획	[4획]			
	영	king			
敎	음	가르칠 **교**	敎		
	뜻	가르치다			
	획	[11획]			
	영	teach			
靑	음	푸를 **청**	靑		
	뜻	푸르다			
	획	[8획]			
	영	blue			
白	음	흰 **백**	白		
	뜻	희다			
	획	[5획]			
	영	white			

8급 한자능력 실제 출제된 검정시험 문제

1. 아래 보기를 보고 빈칸에 음을 쓰세요. (1~2)

(1) 한자는 위에서 (   )로 쓴다.

(2) 한자는 왼쪽에서 (   )쪽으로 쓴다.

정 답

1. 아래	2. 오른

2. 다음 글을 읽고 (   )안에 보기에서 번호를 골라 쓰세요. (3~15)

철이와 순이는 저녁을 먹고 마을 뒷산에 올라가 하늘을 쳐다보며 별들을 세어 보
았다. 일 (   ) 이 (   ) 삼 (   ) 사 (   ) 오 (   ) 육 (   )
칠 (   ) 팔 (   ) 구 (   ) 십 (   ) 철이는 형 (   )을 보고 말하
였다. 형! 별들이 너무 많지? 백 (   ) 천 (   ) 개도 넘겠지?

정 답

3. (7)	4. (3)	5. (9)	6. (4)	7. (7)
8. (5)	9. (6)	10. (13)	11. (14)	12. (8)
13. (11)	14. (15)	15. (12)		

3. 아래 내용을 읽고 빈칸에 보기에서 숫자를 찾아 넣으세요. (16~30)

내일(   )은 즐거운 방학(   )입니다.

일주일(   )은 월(   ) 화(   ) 수(   ) 목(   ) 금(   )
토(   ) 일(   ) 칠일(   )간입니다.

오늘 오전(   )에는 학교(   )에 가고 오후(   )에는 공부(   )나
해야 겠다.

[보기] (16) 工夫 (17) 午前 (18) 七日 (19) 日 (20) 月 (21) 木
　　　(22) 火 (23) 水 (24) 來日 (25) 放學 (26) 土 (27) 金
　　　(28) 一週日 (29) 午後 (30) 學校

정답

16. (24)	17. (25)	18. (28)	19. (20)	20. (22)
21. (23)	22. (21)	23. (27)	24. (26)	25. (19)
26. (18)	27. (17)	28. (30)	29. (29)	30. (16)

4. 다음 글을 읽고 밑줄친 한자를 보기에서 번호를 찾아 넣으세요. (31~40)

지금 先生님이 오신다.
　　　(　　)

우리나라는 東쪽에는 동해바다가 있고 西쪽에는 서해바다가 있으며
　　　(　　)　　　　　　　　　　　　(　　)

北쪽에는 북한이 南쪽 끝에는 제주도가 있습니다.
(　　)　　　　　　(　　)

우리 學校는 참 아름답습니다.
　　　(　　)

一年은 十二개월입니다.
(　　) (　　)

[보기] (31) 십이　(32) 일년　(33) 선생　(34) 남　　(35) 북
　　　(36) 동　　(37) 서　　(38) 학교

정답

| 31. (33) | 32. (36) | 33. (37) | 34. (35) | 35. (34) |
| 36. (38) | 37. (32) | 38. (31) | | |

5. 다음 한자(漢字)의 훈(訓)과 음(音)을 쓰세요. (39~44)

[보기]　靑 → [푸를 청]

(39) 民 [　　　　　　]　　　　(40) 兄 [　　　　　　]

(41) 韓 [　　　　　　]　　　　(42) 國 [　　　　　　]

(43) 父 [　　　　　　]　　　　(44) 弟 [　　　　　　]

정 답

39. 백성 민	40. 형 형	41. 한국/나라 한
42. 나라 국	43. 아비 부	44. 아우 제

6. 다음 한자어(漢字語)의 독음(讀音)을 쓰세요. (45~50)

[보기]　學校 → [학교]

(45) 外軍 [　　　　　]　　　(46) 大王 [　　　　　]

(47) 兄弟 [　　　　　]　　　(48) 人生 [　　　　　]

(49) 先兄 [　　　　　]　　　(50) 長兄 [　　　　　]

정 답

45. 외군	46. 대왕	47. 형제
48. 인생	49. 선형	50. 장형

◆ 합격기준

8급은 50문제 중 70% 이상 정답이면 합격

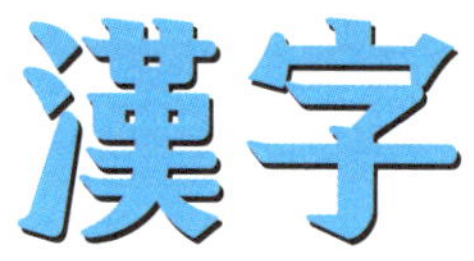

漢字

한자능력 검정시험 8급 대비

2019년 03월 01일 인쇄
2019년 03월 10일 발행

저　자　편 집 부
발행자　유 건 희
발행처　삼성서관
등　록　제 18-71호(1997. 1. 8)
주　소　서울 중랑구 봉우재로 58길 16
　　　　(망우동 금유빌딩)
전　화　763-1258 / 764-1258

정　가　값 6,000원